នេះនិងនោះ

ដោយ Radha HS
គូរូបដោយ Michael Magpantay

Library For All Ltd.

បណ្ណាល័យសម្រាប់ទាំងអស់គ្នា គឺជាអង្គការមិនរកប្រាក់ចំណេញរបស់អូស្ត្រាលី ជាមួយនឹងបេសកកម្ម ដើម្បីធ្វើឱ្យចំណេះដឹងអាចចូលប្រើប្រាស់បានសម្រាប់ទាំងអស់គ្នាតាមរយៈដំណោះស្រាយបណ្ណាល័យឌីជីថលប្រកបដោយភាពថ្មីប្រឌិត។ ចូលមើលពួកយើងនៅ libraryforall.org

នេះនិងនោះ

កំណែនេះត្រូវបានបោះពុម្ពផ្សាយនៅ 2022

បានបោះពុម្ពផ្សាយដោយ Library For All Ltd
អ៊ីមែល៖ info@libraryforall.org
URL: libraryforall.org

ការងារនេះត្រូវបានផ្តល់អាជ្ញាប័ណ្ណក្រោមអាជ្ញាប័ណ្ណអន្តរជាតិ 4.0 ស្តីពីគុណលក្ខណៈ៖ទូទៅនៃការថ្មីប្រឌិត-មិនមែនពាណិជ្ជកម្ម-មិនមែនរបស់ក្លាយ។ ដើម្បីមើលច្បាប់ចម្លងនៃអាជ្ញាប័ណ្ណនេះសូមចូលមើល http://creativecommons.org/licenses/by-nc-nd/4.0/ ។

បណ្ណាល័យសម្រាប់ទាំងអស់គ្នា ទទួលស្គាល់ដោយសេចក្តីដឹងគុណនូវការចូលរួមចំណែករបស់អ្នកទាំងអស់ដែលបានធ្វើកំណែមុនៗនៃសៀវភៅនេះឱ្យវាអាចទៅរួច។

ការងារនេះគឺជាកំណែដែលបានកែប្រែនៃសាច់រឿងដើម, ©The Asia Foundation ។
បានបញ្ចេញក្រោម CC BY 4.0 ។

រូបភាពដើមដោយ Michael Magpantay

នេះនិងនោះ
HS, Radha
ISBN: 978-1-922835-95-6
SKU02771

នេះនិងនោះ

នេះគឺម៉ែវម៉ែវ ហើយនៅក្នុងកញ្ចក់នោះគឺជាខ្ញុំ។

នេះជាអ្វីដែលខ្ញុំចូលចិត្តធ្វើ... ហើយនោះជាអ្វីដែលម៉ែរម៉េវចូលចិត្តធ្វើ។

នេះជាកន្លែងដែលម៉ែរម៉ែវចូលចិត្ត ហើយនោះជាកន្លែងខ្ញុំ។ នៅពេលម៉ែរម៉ែវ ឃើញកណ្ដុរ វាក៏រត់ដេញតាមភ្លាម។

ប៉ុន្តែបើខ្ញុំវិញ ដឹងគេរត់គេចពីរា
ហើយ។

នៅពេលខ្ញុំរត់តាមកូនឡានបញ្ញា
ម៉េវម៉េវក៍រត់ភ្លេតតាមប្រឡោះទ្វារ។

ពេលម៉ាក់យកទឹកដោះគោឱ្យ យើងទាំងពីរចាប់ផ្ដើមផឹកភ្លឹកៗ ហើយភើញៗ។

ថ្វីបើយើងចូលចិត្តធ្វើអ្វីផ្សេងគ្នា ប៉ុន្តែយើងចូលចិត្តទឹកដោះគោដូចគ្នា។

អ្នកអាចប្រើសំណួរទាំងនេះដើម្បីនិយាយអំពីសៀវភៅនេះជាមួយគ្រួសារ មិត្តភក្តិ និងគ្រូរបស់អ្នក។

តើអ្នកបានរៀនអ្វីខ្លះពីសៀវភៅនេះ?

ពិពណ៌នាសៀវភៅនេះក្នុងមួយពាក្យ។ កំប្លែង? គួរឱ្យខ្លាច? ចម្រុះពណ៌? គួរឱ្យចាប់អារម្មណ៍?

តើសៀវភៅនេះធ្វើឱ្យអ្នកមានអារម្មណ៍យ៉ាងណាពេលអានចប់?

តើមួយណាជាផ្នែកដែលអ្នកចូលចិត្តជាងគេនៃសៀវភៅនេះ?

ទាញយកកម្មវិធីអ្នកអានរបស់យើង។
getlibraryforall.org

អំពីអ្នករួមចំណែក

បណ្តាល័យសម្រាប់ទាំងអស់គ្នា ធ្វើការជាមួយអ្នកនិពន្ធ និងអ្នកគំនូរមកពីជុំវិញពិភពលោក ដើម្បីបង្កើតរឿងប្លែកៗ ពាក់ព័ន្ធ និងគុណភាពខ្ពស់សម្រាប់អ្នកអានវ័យក្មេង។

សូមចូលមើលគេហទំព័រ libraryforall.org សម្រាប់ព័ត៌មាន ចុងក្រោយបំផុតអំពីព្រឹត្តិការណ៍សិក្ខាសាលារបស់អ្នកនិពន្ធ គោលការណ៍ណែនាំការដាក់ស្នើ និងឱកាសថ្មីៗប្រឹតជ្ជេងទៀត។

តើអ្នកចូលចិត្តសៀវភៅនេះទេ?

យើងមានរឿងដើមដែលរៀបចំដោយអ្នកជំនាញរាប់រយរឿងទៀតដើម្បីជ្រើសរើស។

យើងធ្វើការក្នុងភាពជាដៃគូជាមួយអ្នកនិពន្ធ អ្នកអប់រំ ទីប្រឹក្សារប្បធម៌ រដ្ឋាភិបាល និង NGOs ដើម្បីនាំមកនូវសេចក្តីរីករាយនៃការអានដល់កុមារគ្រប់ទីកន្លែង។

តើអ្នកដឹងទេ?

យើងបង្កើតផលប៉ះពាល់ជាសាកលក្នុងវិស័យទាំងនេះដោយប្រកាន់យកគោលដៅអភិវឌ្ឍន៍ប្រកបដោយចីរភាពរបស់អង្គការសហប្រជាជាតិ។

libraryforall.org

www.ingramcontent.com/pod-product-compliance
Lightning Source LLC
Chambersburg PA
CBHW040321050426
42452CB00018B/2956